Impressum
Verlag: BABADADA GmbH, Nedderfeld 112 , 22529 Hamburg
Geschäftsführer / Verlagsleitung: Harald Hof
Druck: Books on Demand GmbH, In de Tarpen 42, 22848 Norderstedt

Imprint
Publisher: BABADADA GmbH, Nedderfeld 112 , 22529 Hamburg, Germany
Managing Director / Publishing direction: Harald Hof
Print: Books on Demand GmbH, In de Tarpen 42, 22848 Norderstedt, Germany

kool

škola

klassiruum
učionica

jagama
dijeliti

86/2

tahvel
tabla

koolihoov
školsko dvorište

õpetaja
učitelj, nastavnik

paber
papir

kirjutama
pisati

pastapliiats
olovka

kirjutuslaud
pisaći sto

joonlaud
lenjir

raamat
knjiga

õpilane
učenik

koolikott

torba

pinal

pernica

harilik pliiats

drvena olovka

pliiatsiteritaja

šiljalo za olovke

kustukumm

gumica

joonistusplokk

blok za crtanje

joonistus

crtež

pintsel

kist

värvikarp

kutija s bojama

käärid

makaze

liim

ljepilo

töövihik

vježbanka

kodutöö

domaća zadaća

number

broj

liitma

sabirati

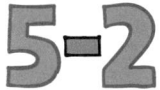

lahutama

oduzimati

korrutama

množiti

arvutama

računati

täht

slovo

tähestik

abeceda

sõna

riječ

tekst

tekst

lugema

čitati

kriit

kreda

koolitund

sat

klassipäevik

školski dnevnik

eksam

ispit

tunnistus

svjedočanstvo

koolivorm

školska uniforma

haridus

izobrazba

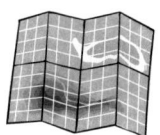

entsüklopeedia

leksikon

ülikool

univerzitet

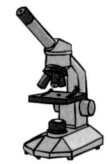

mikroskoop

mikroskop

kaart

karta

paberikorv

korpa za papir

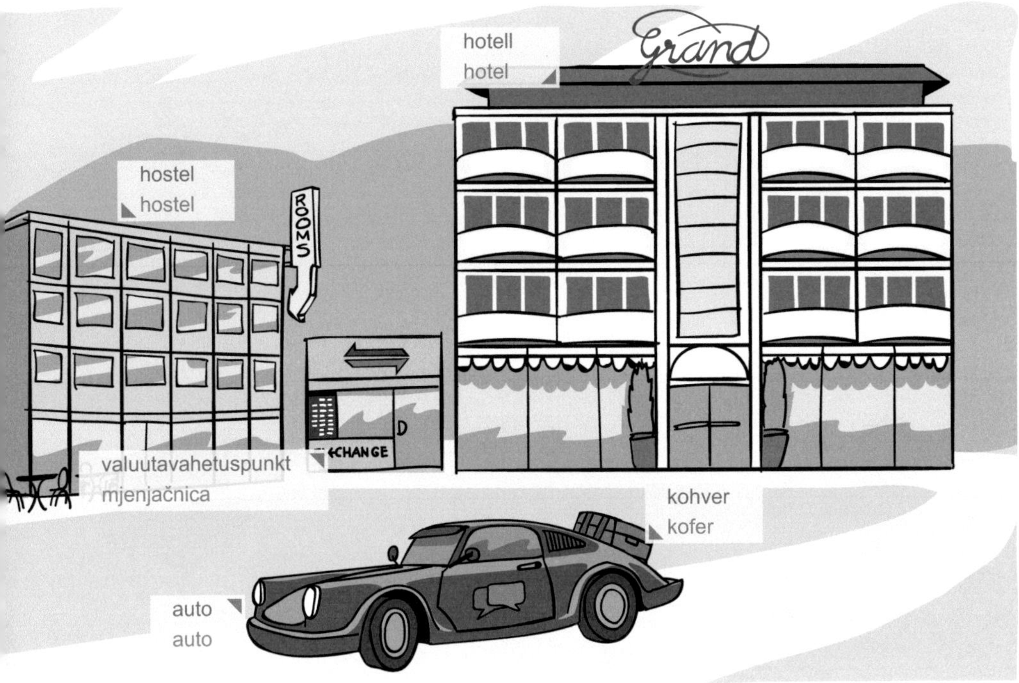

hotell
hotel
Grand
hostel
hostel
ROOMS
EXCHANGE
valuutavahetuspunkt
mjenjačnica
kohver
kofer
auto
auto

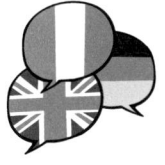

keel
jezik

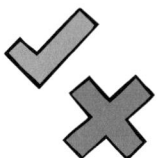

jah / ei
da / ne

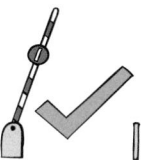

okei
okej

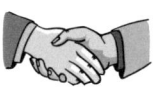

Tere!
zdravo

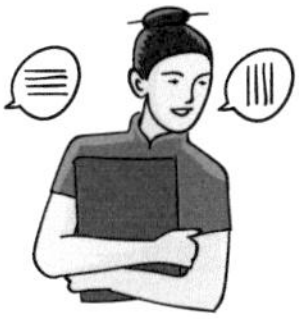

tõlk
tumač

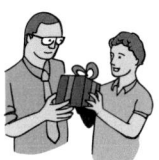

Aitäh!
hvala

Kui palju maksab …?

Koliko košta...?

Ma ei saa aru

Ne razumijem

probleem

problem

Tere õhtust!

dobro veče!

Tere hommikust!

Dobro jutro!

Head ööd!

Laku noć!

Head aega!

doviđenja

suund

smjer

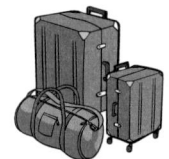

pagas

prtljag

kott

torba

seljakott

ruksak

külaline

gost

tuba

soba

magamiskott

vreća za spavanje

telk

šator

turismiinfo

turističke informacije

rand

plaža

krediitkaart

kreditna kartica

hommikusöök

doručak

lõunasöök

ručak

õhtusöök

večera

pilet

putna karta

lift

lift

postmark

poštanska markica

riigipiir

granica

toll

carina

saatkond

ambasada

viisa

viza

pass

pasoš

transport

transport

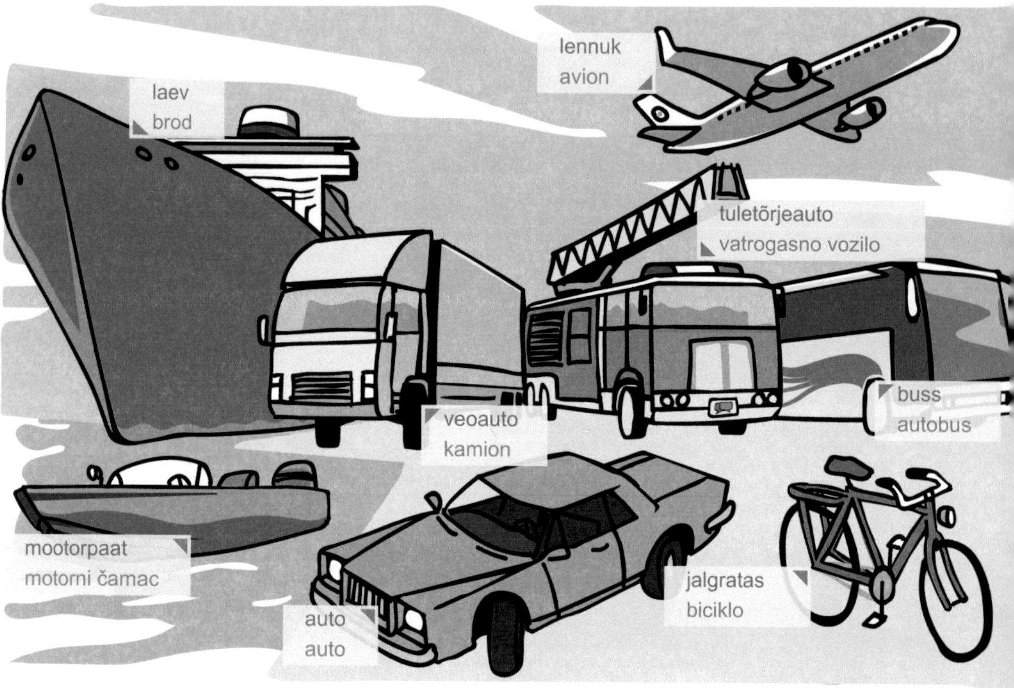
lennuk
avion
laev
brod
tuletõrjeauto
vatrogasno vozilo
veoauto
kamion
buss
autobus
mootorpaat
motorni čamac
jalgratas
biciklo
auto
auto

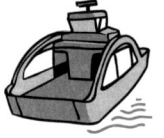

praam

trajekt

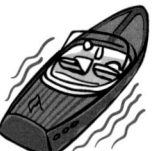

paat

brod

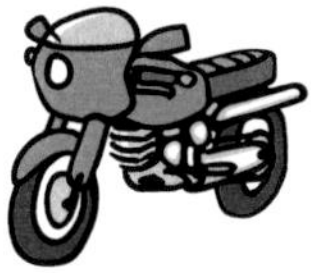

mootorratas

motocikl

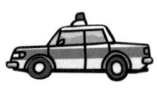

politseiauto

policijski automobil

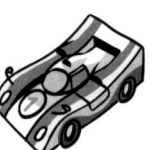

võidusõiduauto

trkaći automobil

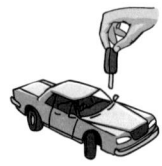

rendiauto

unajmljeni automobil

ühisauto

kar-šering

puksiirauto

pauk

prügiauto

smećarsko vozilo

mootor

motor

kütus

gorivo

tankla

benzinska pumpa

liiklusmärk

saobraćajni znak

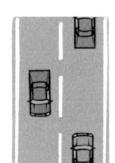

liiklus

saobraćaj

liiklusummik

zastoj

parkla

parking

raudteejaam

željeznička stanica

rööpad

šine

rong

voz

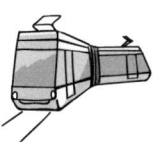

tramm

tramvaj

vagun

vagon

transport - transport

9

helikopter

helikopter

lennujaam

aerodrom

torn

toranj

reisija

putnik

konteiner

kontejner

pappkast

karton

käru

tačke

korv

korpa

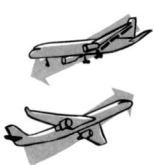

õhku tõusma / maanduma

poletjeti / sletjeti

linn

grad

küla

selo

kesklinn

centar grada

maja

kuća

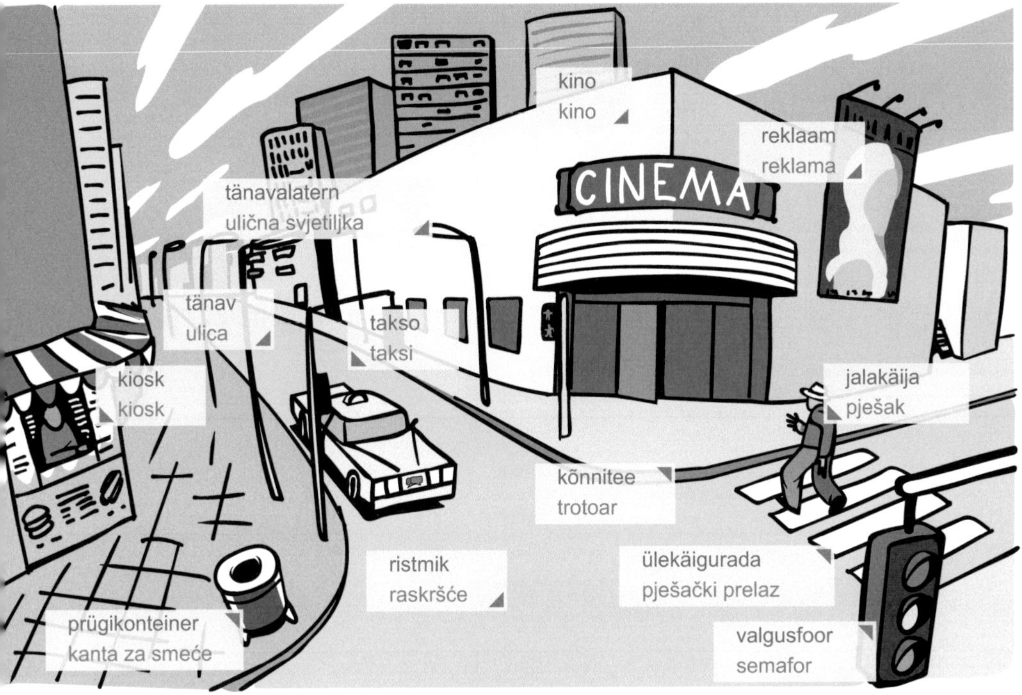
kino
kino
reklaam
reklama
CINEMA
tänavalatern
ulična svjetiljka
tänav
ulica
takso
taksi
kiosk
kiosk
jalakäija
pješak
kõnnitee
trotoar
ristmik
raskršće
ülekäigurada
pješački prelaz
prügikonteiner
kanta za smeće
valgusfoor
semafor

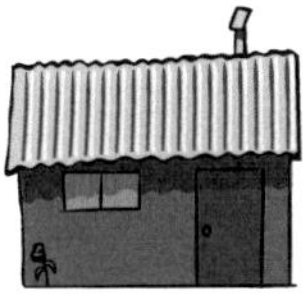

osmik

koliba

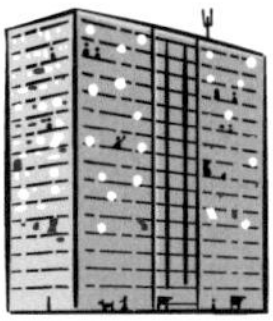

kortermaja

stan

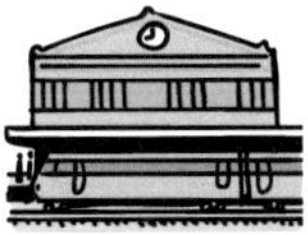

raudteejaam

željeznička stanica

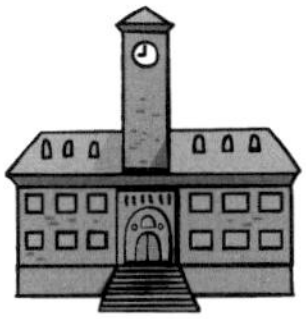

raekoda

vjećnica

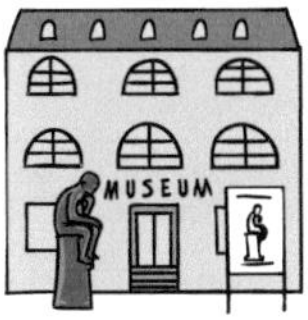
MUSEUM

muuseum

muzej

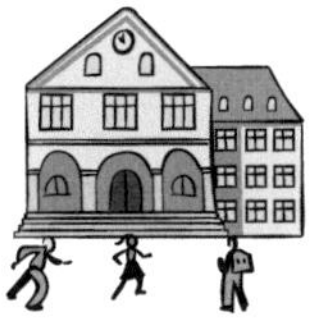

kool

škola

ülikool

univerzitet

pank

banka

haigla

bolnica

hotell

hotel

apteek

apoteka

kontor

ured

raamatupood

knjižara

kauplus

radnja

lillepood

cvjećara

supermarket

supermarket

turg

pijaca

kaubamaja

robna kuća

kalapood

prodavač ribe

kaubanduskeskus

trgovački centar

sadam

luka

park
park

pink
klupa

sild
most

trepp
stepenice

metroo
podzemna željeznica

tunnel
tunel

bussipeatus
autobuska stanica

baar
bar

restoran
restoran

postkast
poštanski sandučić

tänavasilt
saobraćajni znak

parkimisautomaat
sat za naplatu parkinga

loomaaed
zoološki vrt

ujula
bazen

mošee
džamija

talu
....
seosko imanje

reostus
....
zagađenje okoline

surnuaed
....
groblje

kirik
....
crkva

mänguväljak
....
igralište

tempel
....
hram

maastik

krajolik

leht
list

teeviit
putokaz

tee
putokaz

aas
livada

kivi
kamen

matkaja
putnik

puu
drvo

jõgi
rijeka

rohi
trava

lill
cvijet

org
dolina

mägi
brdo

järv
jezero

mets
šuma

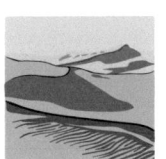

kõrb
pustinja

vulkaan
vulkan

linnus
dvorac

vikerkaar
duga

seen
gljiva

palm
palma

sääsk
komarac

kärbes
muha

sipelgas
mrav

mesilane
pčela

ämblik
pauk

mardikas

buba

konn

žaba

orav

vjeverica

siil

jež

jänes

zec

öökull

sova

lind

ptica

luik

labud

metssiga

divlja svinja

hirv

jelen

põder

los

pais

brana

tuuleturbiin

vjetrenjača

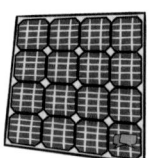

päikesepaneel

solarni modul

kliima

klima

restoran

restoran

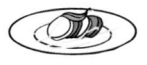

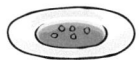

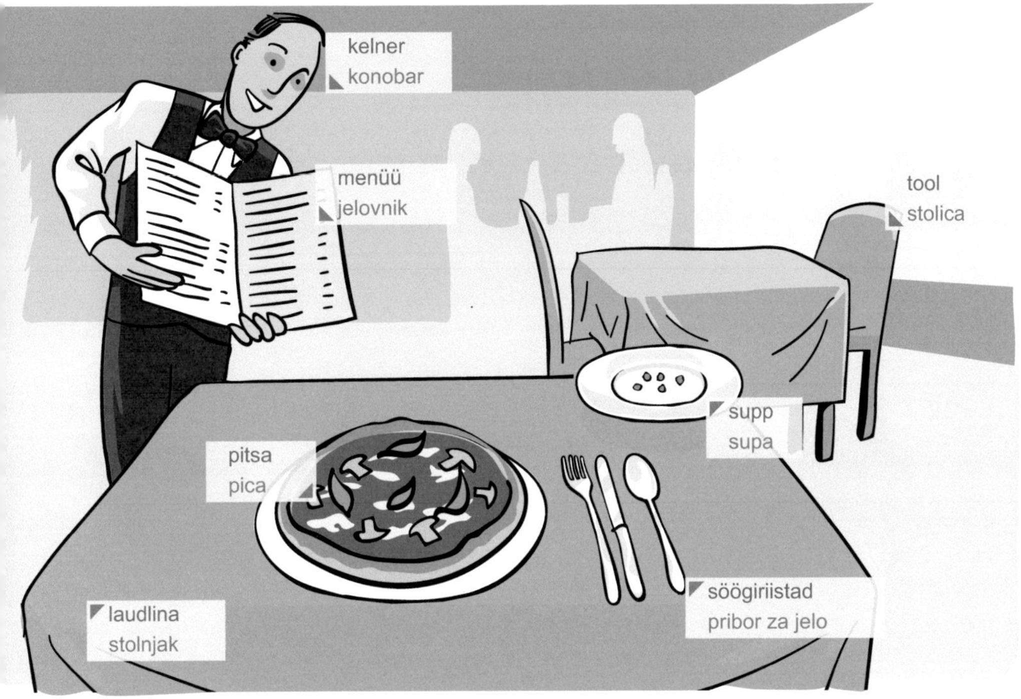
kelner
konobar
menüü
jelovnik
tool
stolica
supp
supa
pitsa
pica
söögiriistad
pribor za jelo
laudlina
stolnjak

eelroog

predjelo

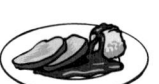

pearoog

glavno jelo

magustoit

desert

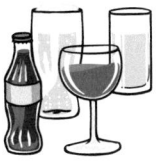

joogid

piće

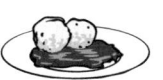

toit

jelo

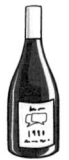

pudel

flaša

kiirtoit

brza hrana

tänavatoit

jelo sa ulice

teekann

čajnik

suhkrutoos

šećernica

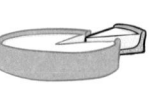

portsjon

porcija

espressomasin

mašina za espreso

lastetool

barska stolica

arve

račun

kandik

tacna

nuga

nož

kahvel

viljuška

lusikas

kašika

teelusikas

kašičica

salvrätik

salveta

klaas

čaša

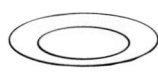

taldrik
tanjir

supitaldrik
tanjir za supu

alustass
tanjurić

kaste
sos

soolatoos
solanik

pipraveski
mlin za biber

äädikas
sirće

õli
ulje

vürtsid
začini

ketšup
kečap

sinep
senf

majonees
majoneza

supermarket
supermarket

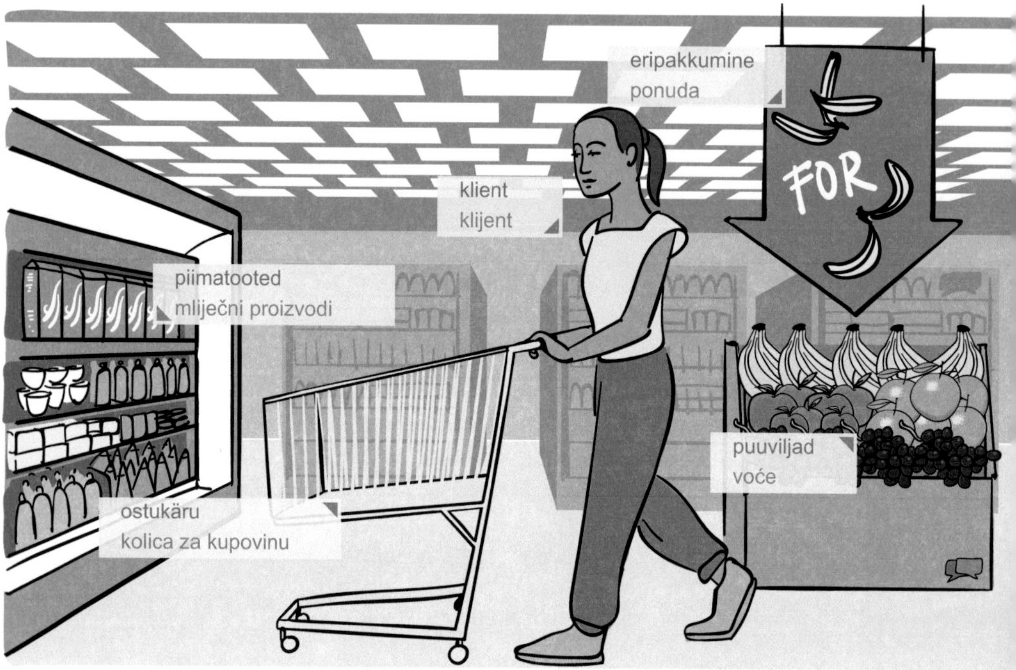
eripakkumine
ponuda
klient
klijent
piimatooted
mliječni proizvodi
FOR
puuviljad
voće
ostukäru
kolica za kupovinu

BUTCHERS

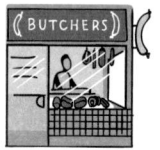

lihapood

mesnica- klaonica

BAKERY

pagariäri

pekara

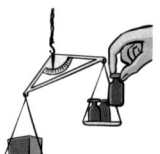

kaaluma

vagati

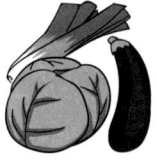

köögiviljad

povrće

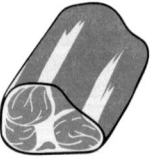

liha

meso

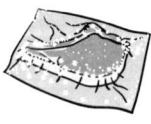

külmutatud toit

zaleđena hrana

lihalõigud

narezak

konservid

konzerve

pesupulber

prašak za veš

maiustused

slatkiši

majatarbed

kućanski proizvodi

puhastustooted

sredstvo za čišćenje

müüja

prodavačica

kassaaparaat

kasa

kassapidaja

blagajnik

ostunimekiri

lista za kupovinu

lahtiolekuajad

radno vrijeme

rahakott

novčanik

krediitkaart

kreditna kartica

kott

torba

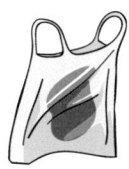

kilekott

najlonska vrećica

vesi
voda

mahl
sok

piim
mlijeko

koola
kola

vein
vino

õlu
pivo

alkohol
alkohol

kakao
kakao

tee
čaj

kohv
kafa

espresso
espreso

cappuccino
kapućino

banaan

banana

õun

jabuka

apelsin

narandža

arbuus

lubenica

sidrun

limun

porgand

mrkva

küüslauk

bijeli luk

bambus

bambus

sibul

crveni luk

seen

gljiva

pähklid

orašasti plodovi

nuudlid

pasta

spagetid

špagete

riis

riža

salat

salata

friikartulid

pomfrit

praekartulid

pečeni krompir

pitsa

pica

hamburger

hamburger

võileib

sendvič

šnitsel

šnicla

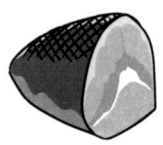

sink

šunka

salaami

kobasica

vorst

kobasica

kana

kokoš

praeliha

pečenje

kala

riba

kaerahelbed

zobene pahuljice

müsli

muzli

maisihelbed

kornfleks

jahu

brašno

sarvesai

kroason

kukkel

zemičke

leib

kruh

röstsai

tost

küpsised

keksi

või

maslac

kohupiim

svježi sir

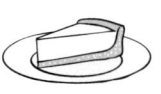

kook

kolač

muna

jaje

praemuna

jaje na oko

juust

sir

jäätis

sladoled

suhkur

šećer

mesi

med

moos

marmelada

pähklivõie

nugat krema

karri

kuri

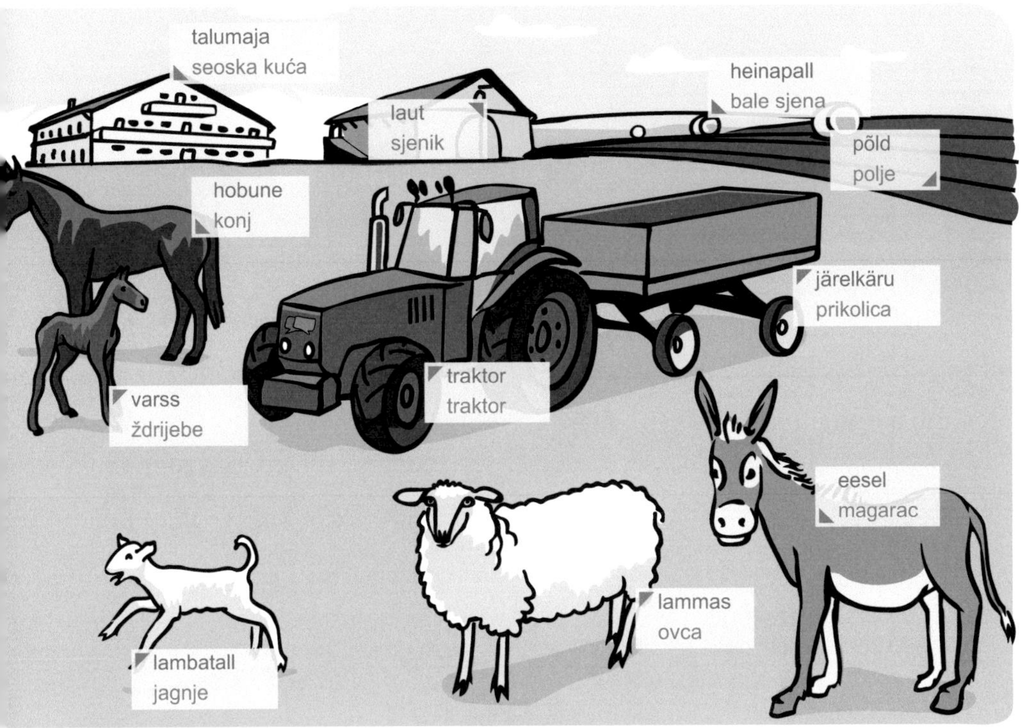

talumaja
seoska kuća

heinapall
bale sjena

laut
sjenik

põld
polje

hobune
konj

järelkäru
prikolica

varss
ždrijebe

traktor
traktor

eesel
magarac

lambatall
jagnje

lammas
ovca

kits

koza

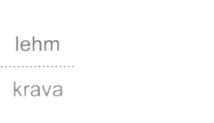

lehm

krava

vasikas

tele

siga

svinja

põrsas

prase

pull

bik

hani

guska

part

patka

tibu

pile

kana

kokoška

kukk

pjetao

rott

pacov

kass

mačka

hiir

miš

härg

vol

koer

pas

koerakuut

pseća kućica

aiavoolik

crijevo za baštu

kastekann

kanta za zalijevanje

vikat

kosa

ader

plug

sirp
srp

kõblas
motika

hang
vile

kirves
sjekira

käru
tačke

küna
korito

piimanõu
bokal za mlijeko

kott
vreća

tara
ograda

tall
štala

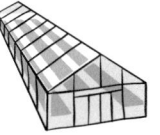

kasvuhoone
staklenik

muld
tlo

seeme
sjeme

väetis
đubrivo

kombain
kombajn

saaki koristama

kositi

saagikoristus

žetva

jamss

jam korijen

nisu

pšenica

soja

soja

kartul

krompir

mais

kukuruz

raps

uljana repica

viljapuu

drvo voća

maniokk

manioka

teravili

žito

maja
kuća

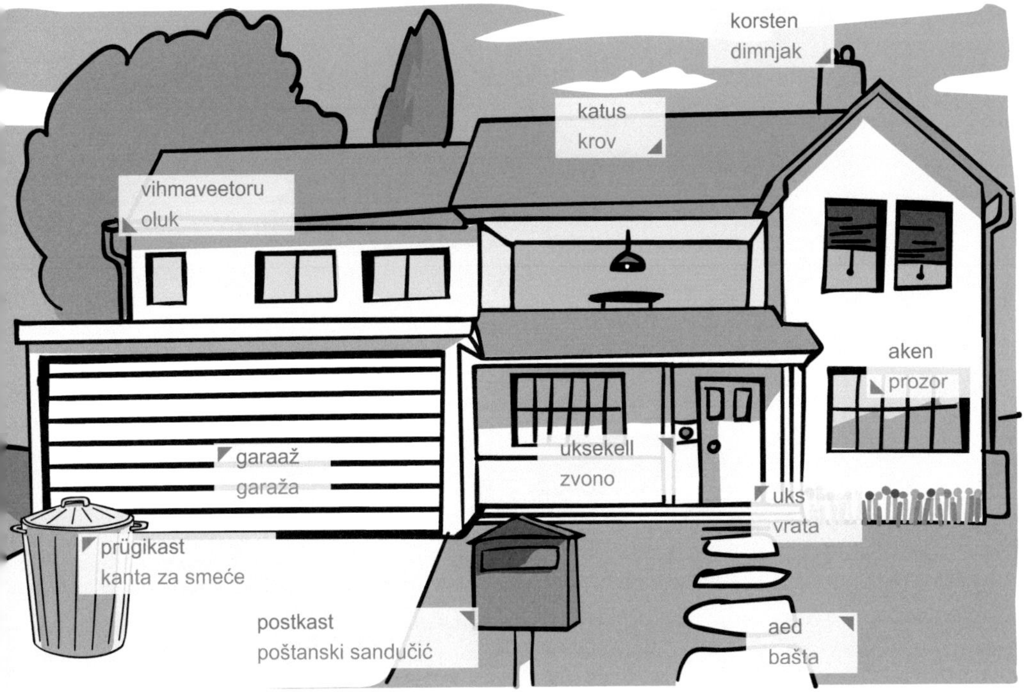
korsten
dimnjak
katus
krov
vihmaveetoru
oluk
aken
prozor
garaaž
garaža
uksekell
zvono
uks
vrata
prügikast
kanta za smeće
postkast
poštanski sandučić
aed
bašta

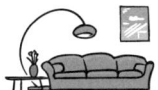

elutuba

dnevni boravak

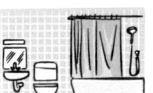

vannituba

kupatilo

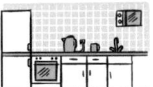

köök

kuhinja

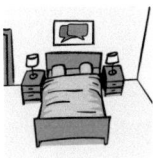

magamistuba

spavaća soba

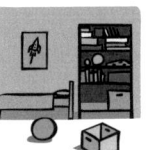

lastetuba

dječija soba

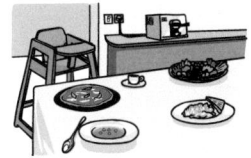

söögituba

trpezarija

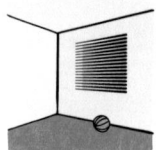

põrand
pod, tlo

sein
zid

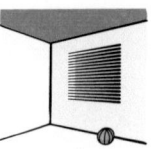

lagi
plafon

kelder
podrum

saun
sauna

rõdu
balkon

terrass
terasa

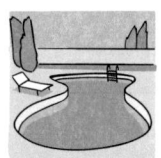

bassein
bazen

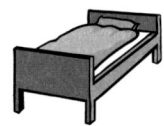

muruniiduk
kosilica

voodilina
posteljina

päevatekk
pokrivač

voodi
krevet

luud
metla

ämber
kanta

lüliti
prekidač

elutuba
dnevni boravak

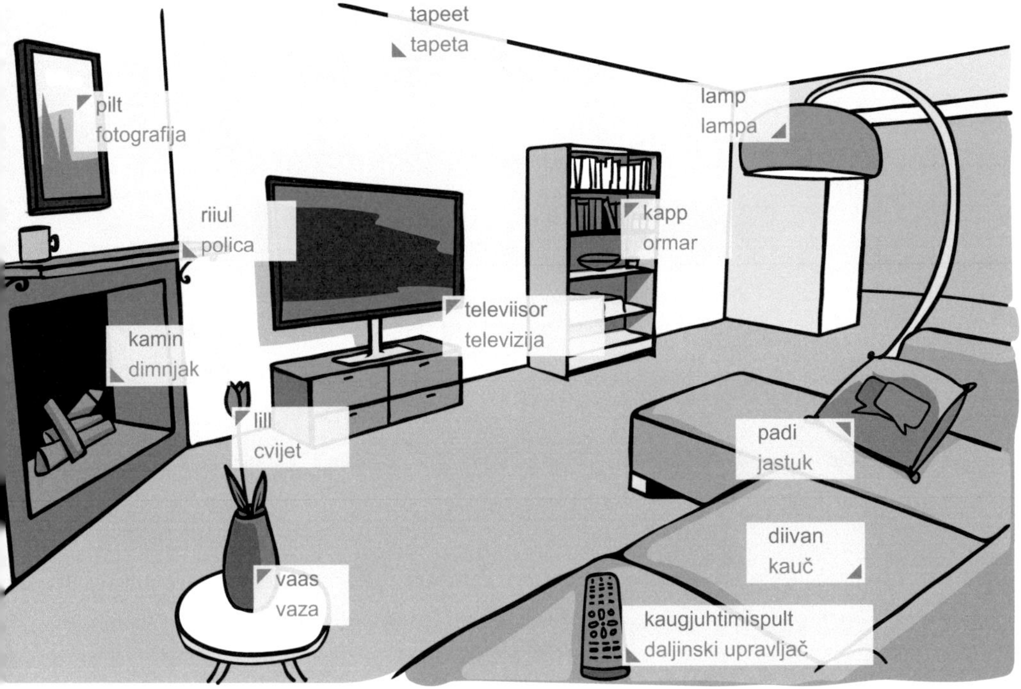

tapeet
tapeta
pilt
fotografija
lamp
lampa
riiul
polica
kapp
ormar
televiisor
televizija
kamin
dimnjak
lill
cvijet
padi
jastuk
diivan
kauč
vaas
vaza
kaugjuhtimispult
daljinski upravljač

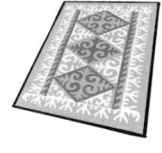

vaip

tepih

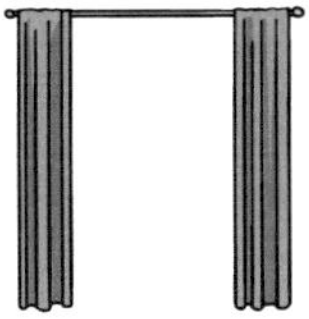

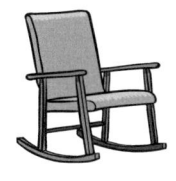

kardin

zavjesa

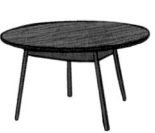

laud

stol

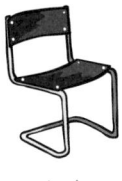

tool

stolica

kiiktool

stolica za ljuljanje

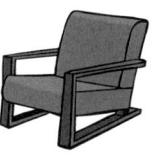

tugitool

fotelja

raamat

knjiga

tekk

deka

kaunistus

dekoracija

küttepuud

ložno drvo

film

film

helisüsteem

stereo uređaj

võti

ključ

ajaleht

novine

maal

umjetnička slika

plakat

poster

raadio

radio

märkmik

blok za bilješke

tolmuimeja

usisavač

kaktus

kaktus

küünal

svijeća

köök
kuhinja

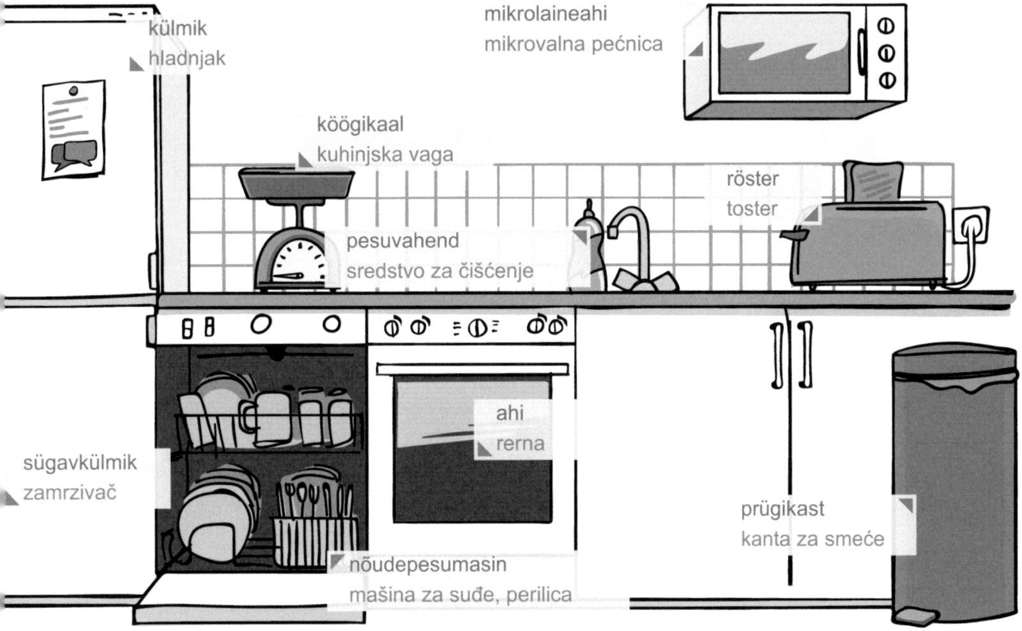
külmik
hladnjak
mikrolaineahi
mikrovalna pećnica
köögikaal
kuhinjska vaga
röster
toster
pesuvahend
sredstvo za čišćenje
ahi
rerna
sügavkülmik
zamrzivač
prügikast
kanta za smeće
nõudepesumasin
mašina za suđe, perilica

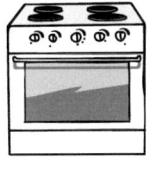

pliit

peć

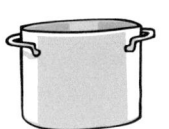

pott

lonac

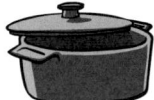

malmpott

metalni lonac

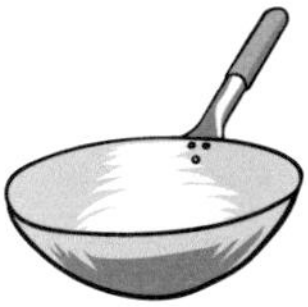

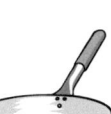

vokkpann

vok / kadai

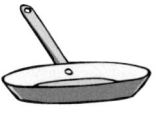

pann

tava, tiganj

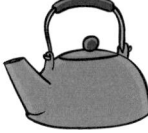

veekeetja

kuhalo

aurutaja

aparat za kuhanje na pari

küpsetusplaat

lim za pečenje

lauanõud

posuđe

kruus

šalica

kauss

činija

söögipulgad

kineski štapići

kulp

kutlača

pannilabidas

lopatica

vispel

metlica za snijeg bjelanjca

kurn

sito za kuhanje

sõel

sito

riiv

ribež

uhmer

avan s tučkom

grill

roštilj

lahtine tuli

ložište

lõikelaud

daska

tainarull

oklagija

korgitser

vadičep

konservipurk

konzerva

konserviavaja

otvarač za konzerve

pajakinnas

krpe za lonac

kraanikauss

sudoper

hari

četka

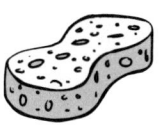

pesukäsn

spužva

kannmikser

mikser

sügavkülmuti

zamrzivač

lutipudel

flašica za bebu

segisti

slavina

vannituba

kupatilo

küte
grijanje
käterätik
peškir
dušš
tuš
dušikardin
zavjesa za tuš
mullivann
pjenušava kupka
vann
kada
klaas
čaša
pesumasin
mašina za veš
segisti
slavina
plaadid
pločice
pissipott
dječja kahlica
kraanikauss
sudoper

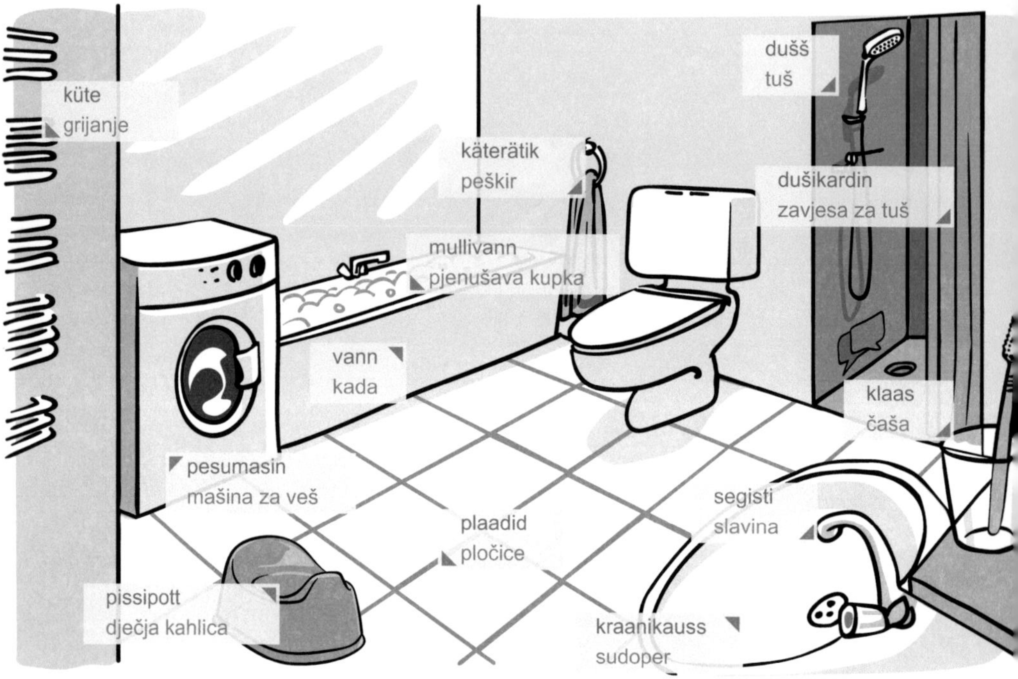

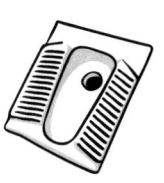

WC-pott

toalet

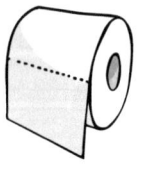

kükitamistualett

čučavac

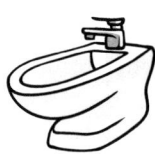

bidee

bide

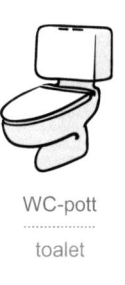

pissuaar

pisoar

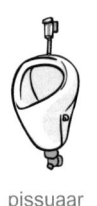

tualettpaber

toalet papir

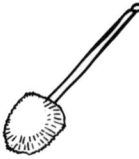

WC-hari

četka za wc

hambahari

četkica za zube

hambapasta

pasta za zube

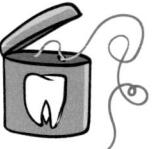

hambaniit

zubni konac

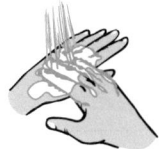

pesema

prati

käsidušš

tuš

intiimdušš

intimni tuš

pesukauss

lavor

seljahari

četka za leđa

seep

sapun

dušigeel

gel za tuširanje

šampoon

šampon

vamm

krpe za pranje

äravool

odvod

kreem

krema

deodorant

dezodorans

peegel

ogledalo

käsipeegel

ogledalo za šminkanje

habemenuga

brijač

raseerimisvaht

pjena za brijanje

habemevesi

vodica poslije brijanja

kamm

češalj

hari

četka

föön

fen

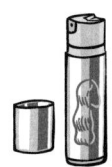

juukselakk

sprej za kosu

meigikomplekt

puder

huulepulk

karmin

küünelakk

lak za nokte

vatt

vata

küünekäärid

makazice za nokte

parfüüm

parfem

tualett-tarvete kott

kozmetička torbica

taburet

hoklica

kaal

vaga

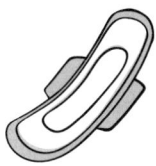

hommikumantel

kupaći ogrtač

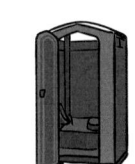

kummikindad

rukavice za čišćenje

tampoon

tampon

hügieeniside

uložak za dame

keemiline tualett

hemijski toalet

lastetuba
dječija soba

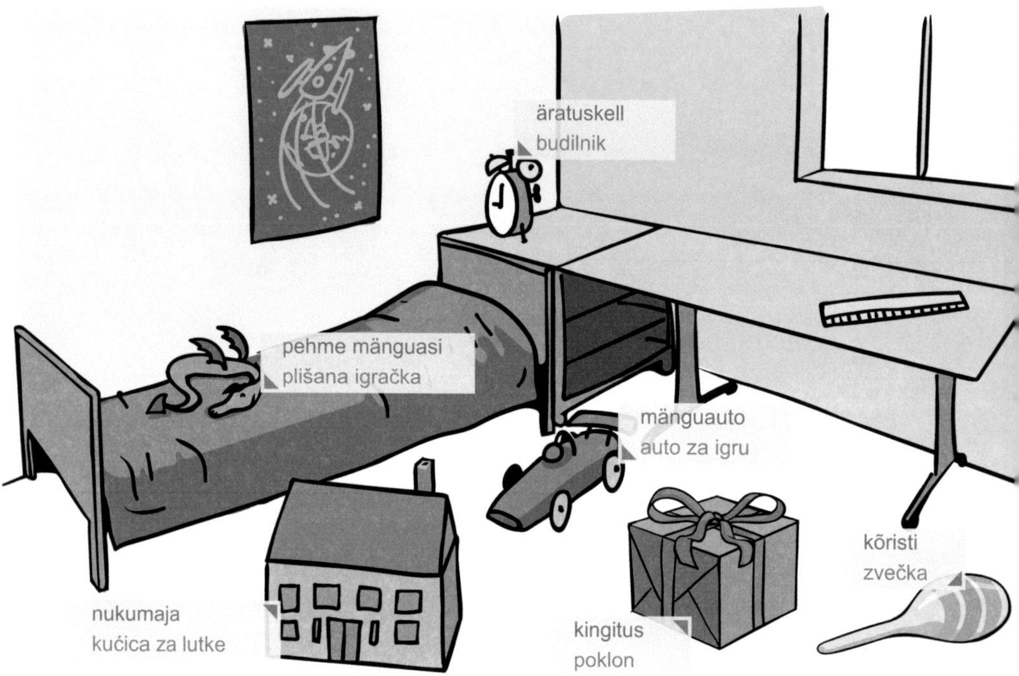
äratuskell
budilnik
pehme mänguasi
plišana igračka
mänguauto
auto za igru
kõristi
zvečka
nukumaja
kućica za lutke
kingitus
poklon

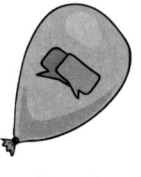

õhupall

balon

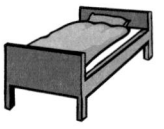

voodi

krevet

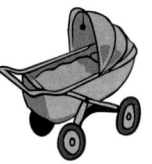

lapsevanker

kolica za djecu

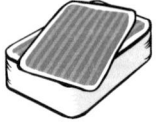

kaardipakk

karte za igranje

pusle

puzle

SUPER
MEGA
koomiks

strip

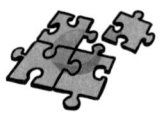

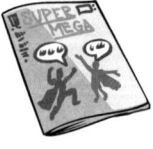

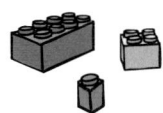

Lego klotsid

lego kockice

klotsid

kockice za gradnju

kujuke

akcione figure

siputuspüksid

benkica

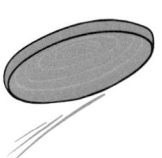

lendav taldrik

frizbi

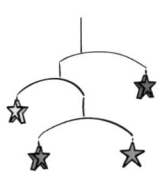

voodikarussell

mobile

lauamäng

igra na ploči

täringud

kocka

mudelrong

miniatura željeznice

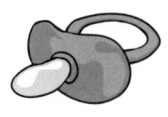

lutt

cucla

pidu

zabava

pildiraamat

slikovnica

pall

lopta

nukk

lutka

mängima

igrati

liivakast

pješćanik

kiik

ljuljačka

mänguasjad

igračke

mängukonsool

konzola za igru

kolmerattaline jalgratas

triciklo

mängukaru

medvjedić

riidekapp

ormar

riietus
odjeća

sokid

kratke čarape

sukad

čarape

sukkpüksid

hulahopke

sall
šal

vöö
kaiš

vihmavari
kišobran

T-särk
majica kratkih rukava

saapad
čizme

sussid
papuče

tossud
patike

sandaalid
sandale

jalatsid
cipele

kummikud
gumene čizme

aluspüksid
gaće

rinnahoidja
grudnjak

vest
potkošulja

bodi
bodi

püksid
hlače

teksapüksid
farmerke

seelik
suknja

pluus
bluza

särk
košulja

sviiter
džemper

dressipluus
majica

bleiser
sako

jakk
jakna

mantel
mantil

vihmamantel
kišni mantil

kostüüm
kostim

kleit
haljina

pulmakleit
vjenčanica

ülikond

odijelo

öösärk

spavaćica

pidžaama

pidžama

sari

sari

pearätt

marama

turban

turban

burka

burka

kaftan

kaftan

abayah

abaja

ujumistrikoo

kupaći kostim

ujumispüksid

kupaće gaće

lühikesed püksid

kratke hlače

dressid

trenerka

põll

pregača

kindad

rukavice

nööp

dugme

prillid

naočare

käevõru

narukvica

kaelakee

ogrlica

sõrmus

prsten

kõrvarõngas

naušnica

nokamüts

kapa

riidepuu

vješalica

kaabu

šešir

lips

kravata

tõmblukk

patentni zatvarač

kiiver

kaciga

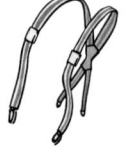

traksid

tregeri za hlače

koolivorm

školska uniforma

vormirõivad

uniforma

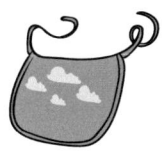

pudipõll

podbradak

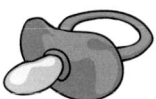

lutt

cucla

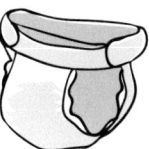

mähe

pelene

kontor

ured

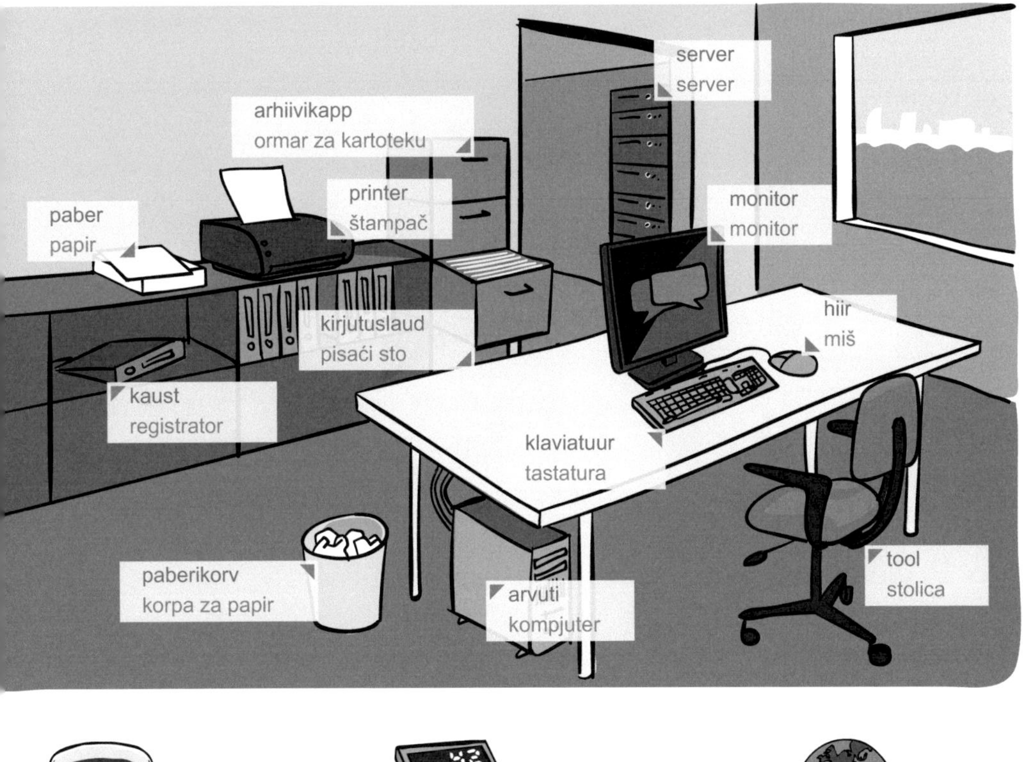
server
server
arhiivikapp
ormar za kartoteku
printer
štampač
paber
papir
monitor
monitor
hiir
miš
kirjutuslaud
pisaći sto
kaust
registrator
klaviatuur
tastatura
paberikorv
korpa za papir
arvuti
kompjuter
tool
stolica

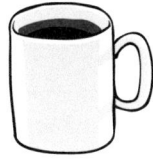

kohvikruus

šolja za kafu

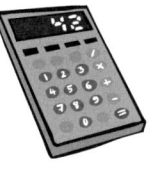

kalkulaator

kalkulator

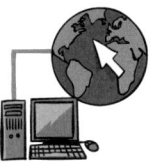

internet

internet

sülearvuti

laptop

kiri

pismo

sõnum

poruka

mobiiltelefon

mobilni telefon

võrk

mreža

koopiamasin

aparat za kopiranje

tarkvara

softver

telefon

telefon

pistikupesa

utičnica

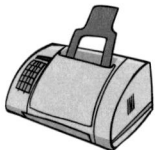

faksimasin

faks

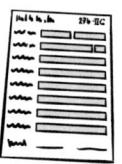

vorm

formular

dokument

dokument

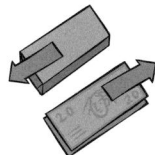

ostma
kupovati

maksma
platiti

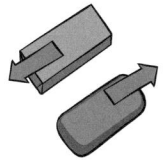

vahetama
trgovati

raha
novac

dollar
dolar

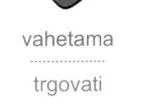

euro
euro

jeen
jen

rubla
rublja

Šveitsi frank
franak

renminbi jüaan
renminbi jen

ruupia
rupi

sularahaautomaat
bankomat

valuutavahetuspunkt

mjenjačnica

kuld

zlato

hõbe

srebro

nafta

nafta

energia

energija

hind

cijena

leping

ugovor

maks

porez

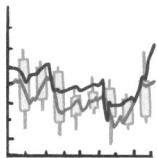

aktsia

akcija

töötama

raditi

töötaja

službenik

tööandja

poslodavac

tehas

fabrika

kauplus

radnja

ametid
zanimanja

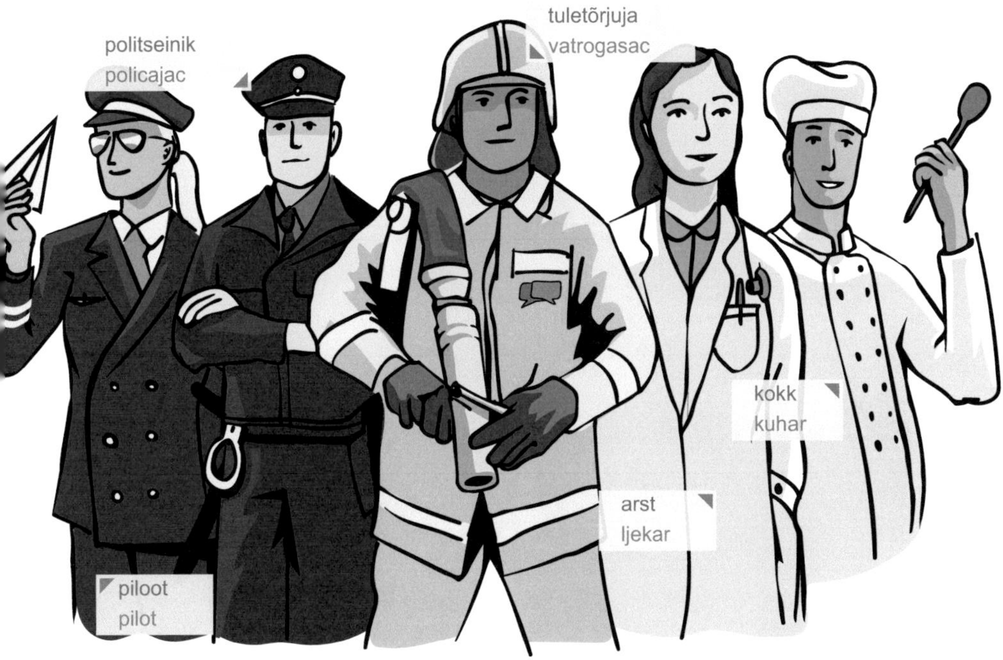
politseinik
policajac
tuletõrjuja
vatrogasac
kokk
kuhar
arst
ljekar
piloot
pilot

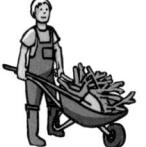

aednik

baštovan

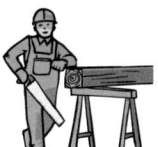

puusepp

stolar

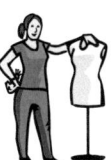

õmbleja

krojačica

kohtunik

sudija

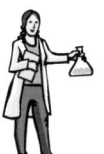

keemik

hemičar

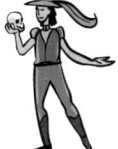

näitleja

glumac

bussijuht

vozač autobusa

taksojuht

vozač taksija

kalamees

ribar

koristaja

čistačica

katusepaigaldaja

krovopokrivač

kelner

konobar

jahimees

lovac

maaler

moler

pagar

pekar

elektrik

električar

ehitaja

građevinski radnik

insener

inženjer

lihunik

koljač

torumees

limar, vodoinstalater

postiljon

poštar

sõdur

vojnik

arhitekt

arhitekta

kassapidaja

blagajnik

lillemüüja

cvjećar

juuksur

frizer

piletikontrolör

kontrolor

mehaanik

mehaničar

kapten

kapiten

hambaarst

zubar

teadlane

naučnik

rabi

rabin

imaam

imam

munk

monah

preester

sveštenik

tööriistad
alat

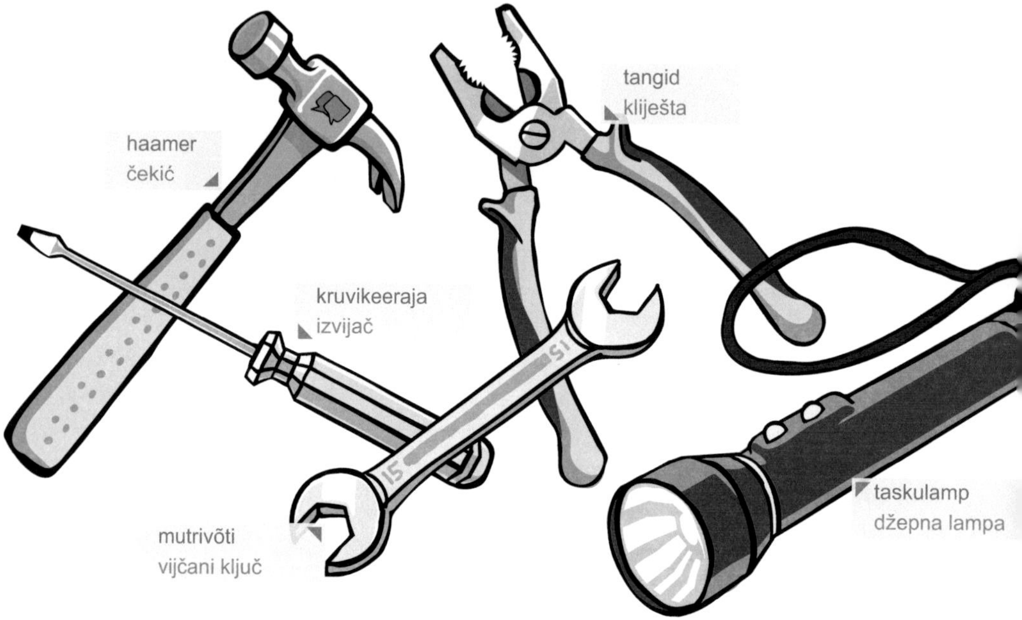

haamer
čekić
tangid
kliješta
kruvikeeraja
izvijač
mutrivõti
vijčani ključ
taskulamp
džepna lampa

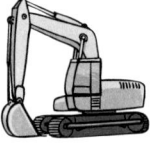

ekskavaator

bager

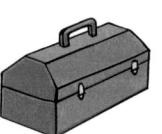

tööriistakast

kutija sa alatom

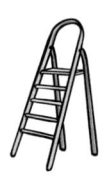

redel

ljestve

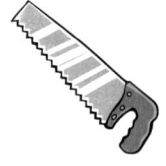

saag

testera, pila

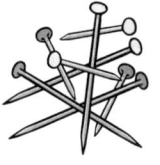

naelad

ekser

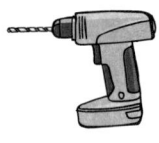

trell

bušilica

parandama
popraviti

labidas
lopata

Põrgusse!
sranje!

kühvel
lopatica

värvipott
kanta boje

kruvid
vijak

pillid

muzički instrumenti

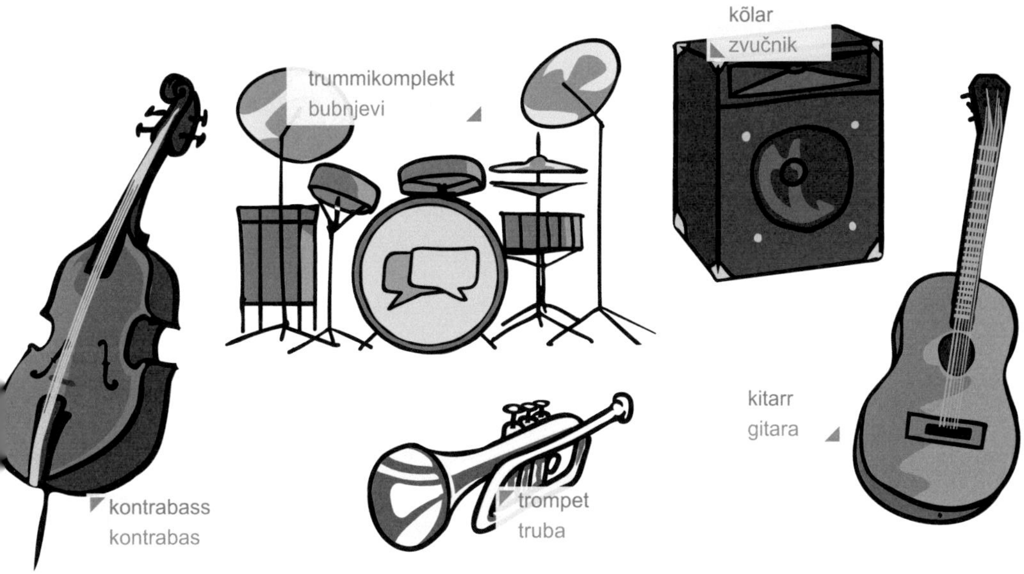

kõlar
zvučnik

trummikomplekt
bubnjevi

kitarr
gitara

kontrabass
kontrabas

trompet
truba

klaver

klavir

viiul

violina

bass

bas

timpan

bubanj timpani

trummid

bubanj

süntesaator

sintisajzer

saksofon

saksofon

flööt

flauta

mikrofon

mikrofon

loomaaed
zološki vrt

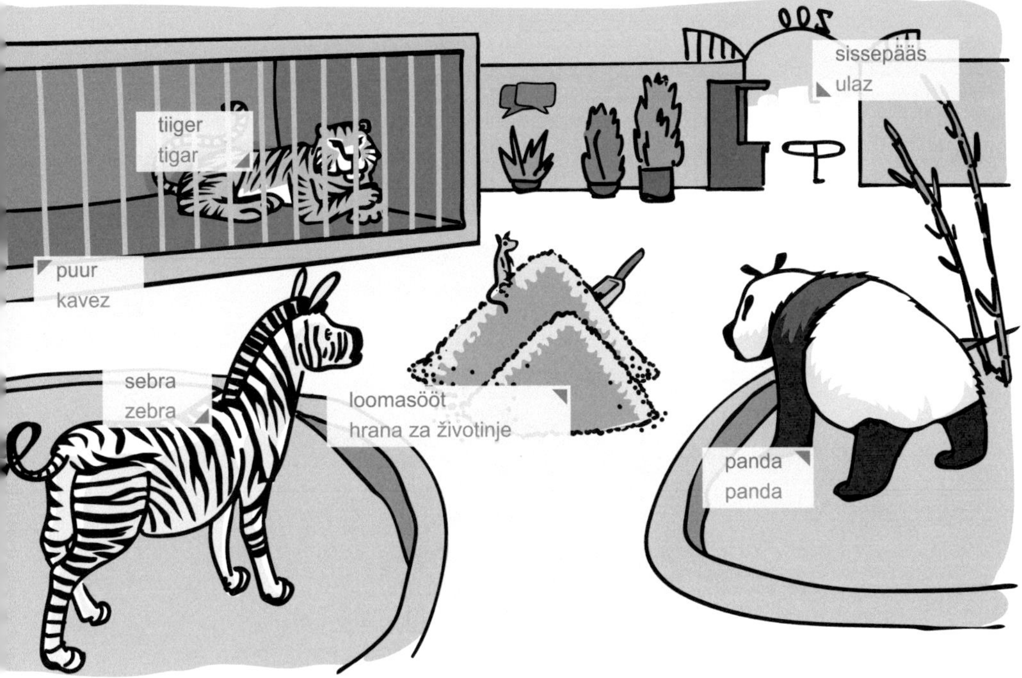
sissepääs
ulaz
tiiger
tigar
puur
kavez
sebra
zebra
loomasööt
hrana za životinje
panda
panda

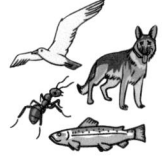

loomad

životinje

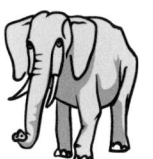

elevant

slon

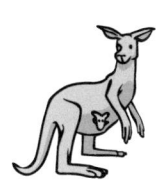

känguru

kengur

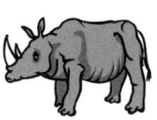

ninasarvik

nosorog

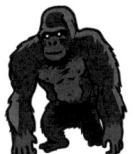

gorilla

gorila

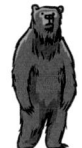

karu

medvjed

kaamel

kamila

jaanalind

noj

lõvi

lav

ahv

majmun

flamingo

flamingo

papagoi

papagaj

jääkaru

polarni medvjed

pingviin

pingvin

hai

morski pas

paabulind

paun

madu

zmija

krokodill

krokodil

loomaaiatalitaja

čuvar u zološkom vrtu

hüljes

tuljan

jaaguar

jaguar

poni
poni

leopard
leopard

jõehobu
nilski konj

kaelkirjak
žirafa

kotkas
orao

metssiga
divlja svinja

kala
riba

kilpkonn
kornjača

morsk
morž

rebane
lisica

gasell
gazela

Ameerika jalgpall
američki fudbal

jalgrattasõit
vožnja bicikla

tennis
tenis

korvpall
košarka

ujumine
plivanje

jäähoki
hokej na ledu

poksimine
boks

jalgpall
fudbal

sulgpall
bedminton

kergejõustik
laka atletika

käsipall
rukomet

suusatamine
skijanje

polo
polo

tegevused
aktivnosti

naerma
smijati se
hüppama
skakati
kallistama
zagrliti
jalutama
ići
laulma
pjevati
unistama
sanjati
palvetama
moliti
suudlema
ljubiti

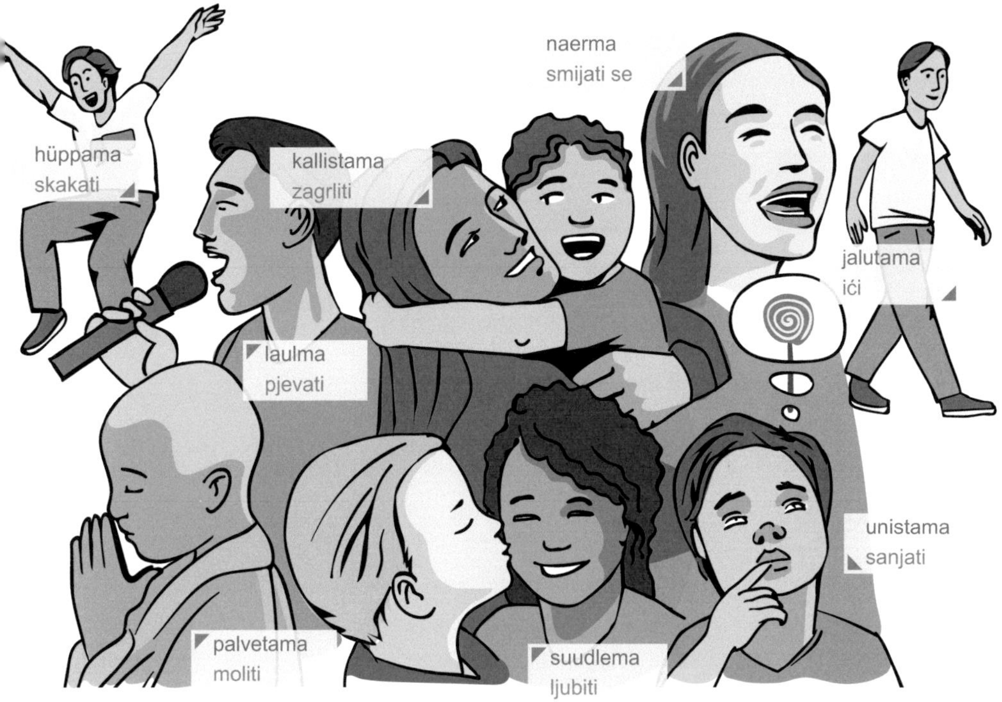

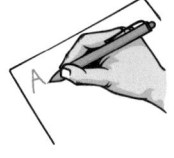

kirjutama

pisati

joonistama

crtati

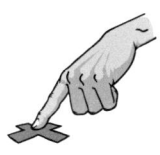

näitama

pokazati

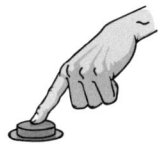

lükkama

gurati

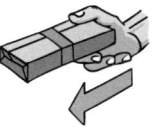

andma

dati

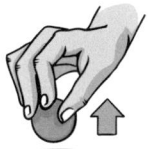

võtma

uzeti

omama

imati

tegema

raditi

olema

biti

seisma

stajati

jooksma

trčati

tõmbama

vući

viskama

baciti

kukkuma

pasti

lamama

ležati

ootama

čekati

kandma

nositi

istuma

sjediti

riidesse panema

obući

magama

spavati

ärkama

probuditi

vaatama

pogledati

nutma

plakati

paitama

milovati

kammima

češljati

rääkima

govoriti

aru saama

razumjeti

küsima

pitati

kuulama

slušati

jooma

piti

sööma

jesti

korrastama

pospremiti

armastama

voljeti

süüa tegema

kuhati

sõitma

voziti

lendama

letjeti

purjetama
jedriti

arvutama
računati

lugema
čitati

õppima
učiti

töötama
raditi

abielluma
vjenčavti

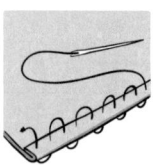

õmblema
šiti

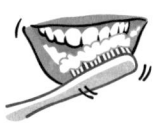

hambaid pesema
prati zube

tapma
ubiti

suitsetama
pušiti

saatma
slati

perekond
porodica

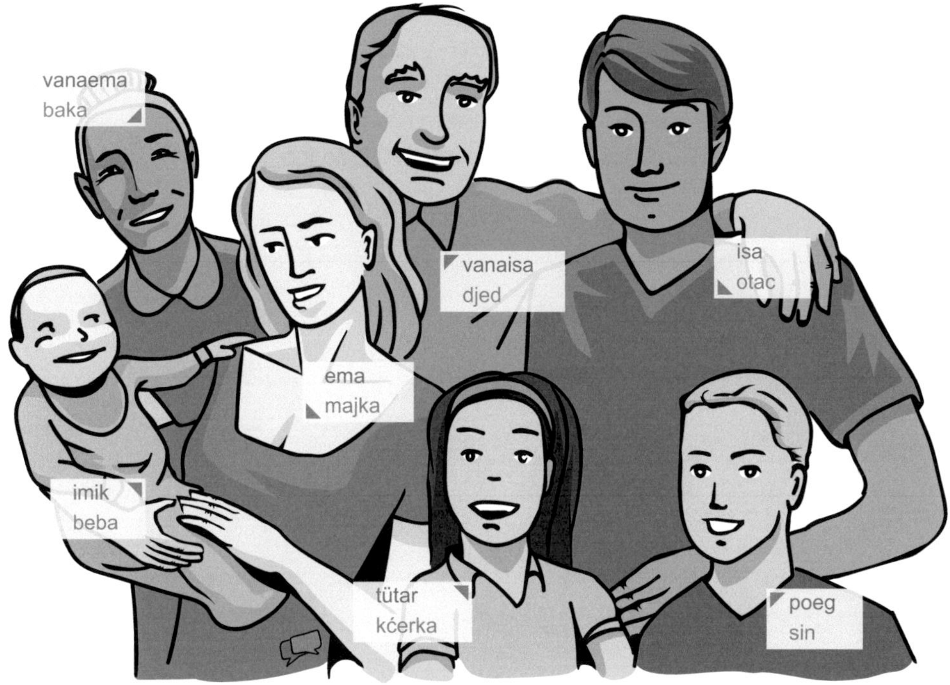
vanaema
baka
vanaisa
djed
isa
otac
ema
majka
imik
beba
tütar
kćerka
poeg
sin

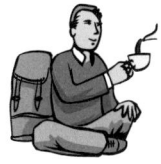

külaline

gost

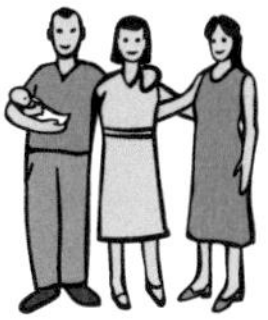

tädi

ujna, tetka, strina

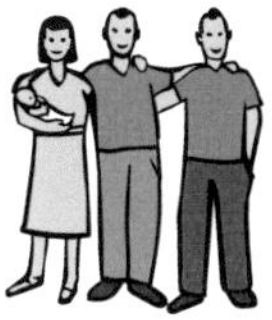

onu

ujak, tetak, stric

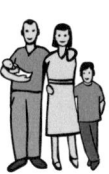

vend

brat

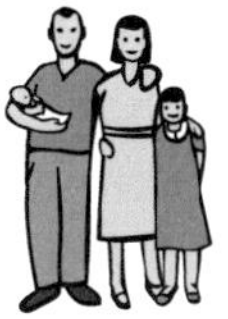

õde

sestra

keha

tijelo

otsmik
čelo
silm
oko
õlg
leđa
sõrm
prst
nägu
lice
lõug
brada
käsi
ruka, šaka
jalg
noga
rind
grudi
käsivars
ruka

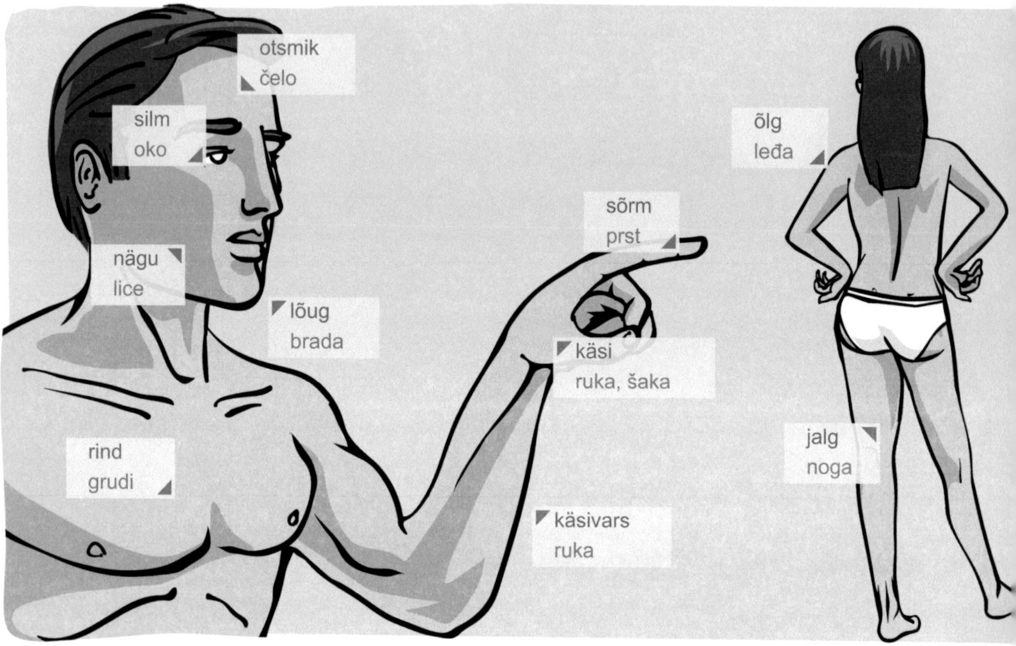

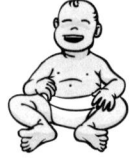

imik
beba

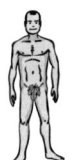

mees
muškarac

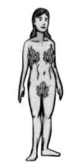

naine
žena

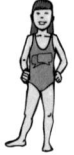

tüdruk
djevojčica

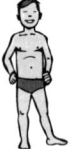

poiss
dječak

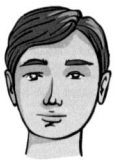

pea
glava

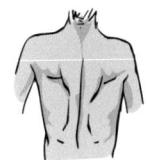

selg

leđa

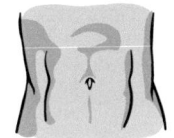

kõht

stomak

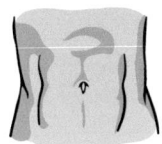

naba

pupak

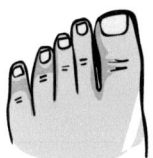

varvas

nožni prst

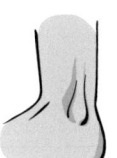

kand

peta

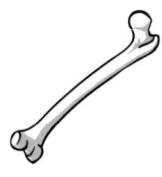

luu

kosti

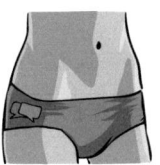

puus

kuk

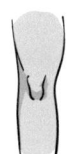

põlv

koljeno

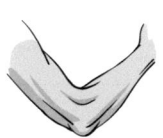

küünarnukk

lakat

nina

nos

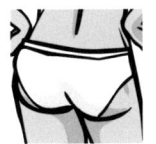

tagumik

stražnjica

nahk

koža

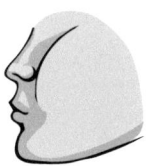

põsk

obraz

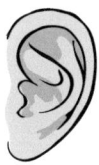

kõrv

uho

huuled

usna

suu

usta

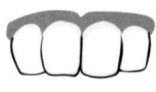

hammas

zub

keel

jezik

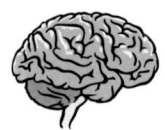

aju

mozak

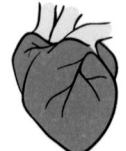

süda

srce

lihas

mišić

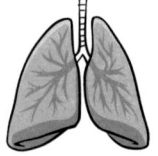

kops

pluća

maks

jetra

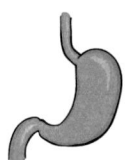

magu

želudac

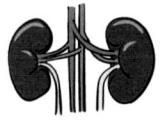

neerud

bubreg

seksuaalvahekord

spolni odnos

kondoom

kondom

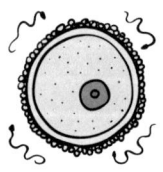

munarakk

jajna ćelija

sperma

sperma

rasedus

trudnoća

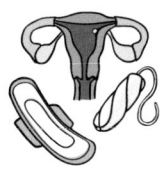

menstruatsioon

menstruacija

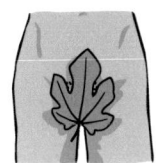

vagiina

vagina

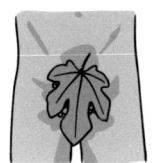

peenis

penis

kulm

obrva

juuksed

kosa

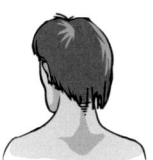

kael

vrat

haigla
bolnica

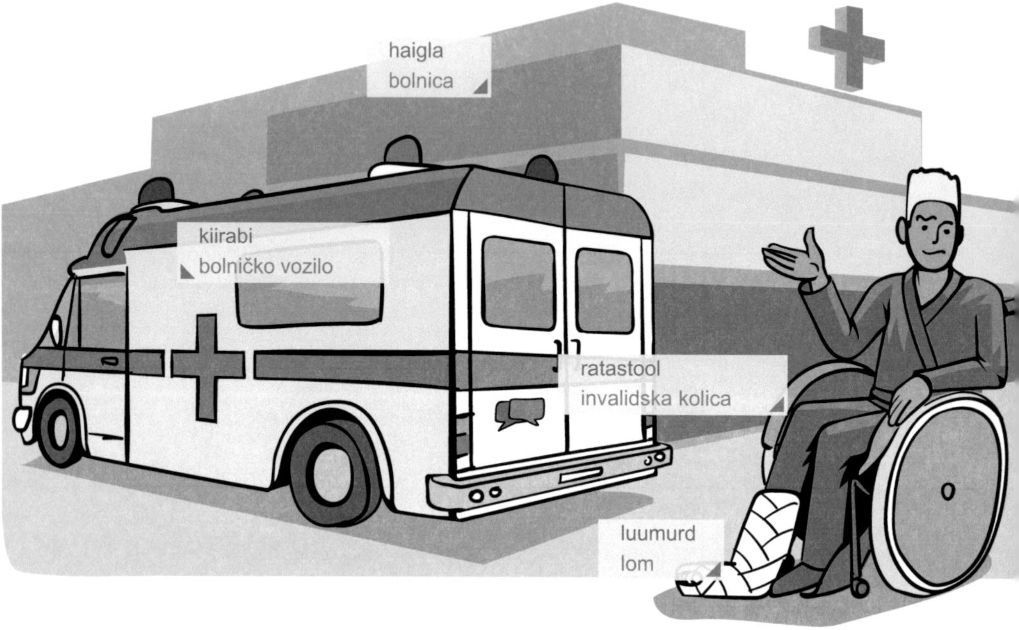

haigla
bolnica
kiirabi
bolničko vozilo
ratastool
invalidska kolica
luumurd
lom

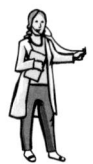

arst

ljekar

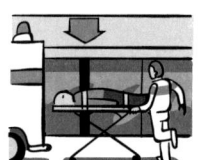

traumapunkt

hitna služba

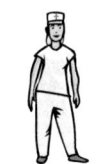

meditsiiniõde

medicinska sestra

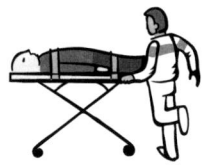

hädaolukord

hitna pomoć

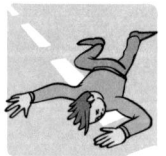

teadvuseta

nesvjest

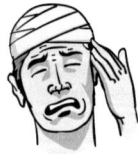

valu

bol

vigastus

povreda

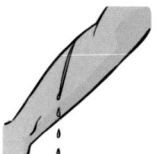

verejooks

krvarenje

südamerabandus

srčani udar, infarkt

insult

moždani udar

allergia

alergija

köha

kašalj

palavik

groznica

gripp

gripa

kõhulahtisus

proljev

peavalu

glavobolja

vähk

rak

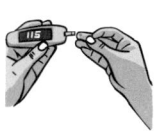

diabeet

dijabetes

kirurg

hirurg

skalpell

skalpel

operatsioon

operacija

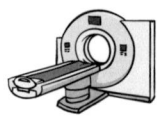

KT

CT

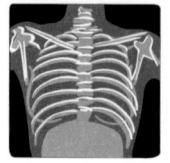

röntgen

rendgen

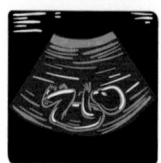

ultraheli

ultrazvuk

mask

maska

haigus

bolest

ooteruum

čekaonica

kark

štake

kips

flaster

side

zavoj

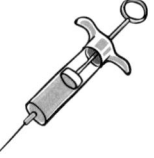

süst

injekcija

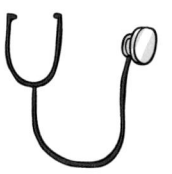

stetoskoop

stetoskop

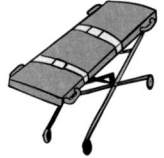

kanderaam

nosilo

kraadiklaas

termometar

sünd

porod

ülekaaluline

prekomjerna težina, debljina

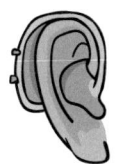

kuuldeaparaat

slušni aparat

desinfektsioonivahend

sredstvo za dezinfekciju

põletik

infekcija

viirus

virus

HIV / AIDS

HIV/ AIDS

meditsiin

medicina

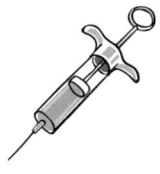

vaktsineerimine

vakcinacija

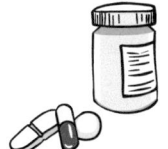

tabletid

tablete

pill

pilula

hädaabikõne

hitni poziv

vererõhuaparaat

aparat za mjerenje pritiska

haige / terve

bolestan / zdrav

Appi!

Upomoć!

häire

alarm

kallaletung

napad, prepad

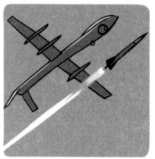

rünnak

napad

oht

opasnost

avariiväljapääs

izlaz u slučaju opasnosti

Tulekahju!

Požar!

tulekustuti

vatrogasni aparat

õnnetus

nezgoda

esmaabikomplekt

torba prve pomoći

SOS

SOS

politsei

policija

Euroopa

Europa

Põhja-Ameerika

Sjeverna Amerika

Lõuna-Ameerika

Južna Amerika

Aafrika

Afrika

Aasia

Azija

Austraalia

Australija

Atlandi ookean

Atlantik

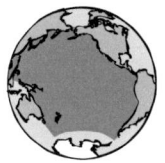

Vaikne ookean

Pacifik

India ookean

Indijski okean

Lõuna-Jäämeri

Antarktički okean

Põhja-Jäämeri

Arktički okean

põhjapoolus

Sjeverni pol

lõunapoolus

Južni pol

Antarktika

Antarktik

Maa

Zemlja

maismaa

zemlja

meri

more

saar

ostrvo

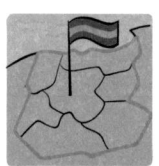

rahvus

nacija

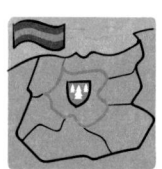

riik

država

sihverplaat

brojčanik sata

tunniosuti

kazaljka sata

minutiosuti

kazaljka minute

sekundiosuti

kazaljka sekunde

Mis kell on?

Koliko je sati?

päev

dan

aeg

vrijeme

praegu

sada

digitaalne kell

digitalni sat

minut

minuta

tund

sat

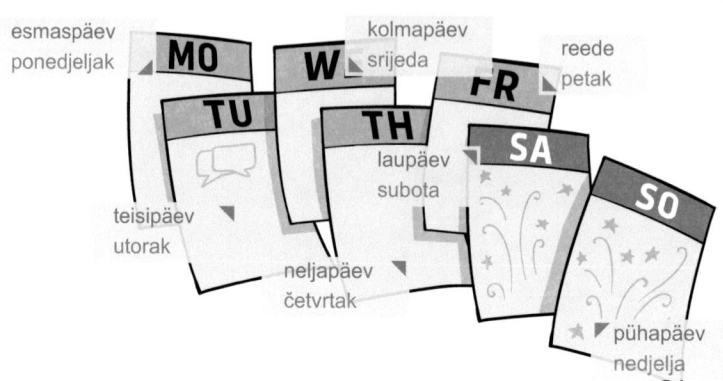

esmaspäev
ponedjeljak

kolmapäev
srijeda

reede
petak

teisipäev
utorak

laupäev
subota

neljapäev
četvrtak

pühapäev
nedjelja

eile

juče

täna

danas

homme

sutra

hommik

jutro

lõuna

podne

õhtu

veče

MO	TU	WE	TH	FR	SA	SU
1	2	3	4	5	6	7
8	9	10	11	12	13	14
15	16	17	18	19	20	21
22	23	24	25	26	27	28
29	30	31	1	2	3	4

tööpäevad

radni dani

MO	TU	WE	TH	FR	SA	SU
1	2	3	4	5	6	7
8	9	10	11	12	13	14
15	16	17	18	19	20	21
22	23	24	25	26	27	28
29	30	31	1	2	3	4

nädalavahetus

vikend

vihm
kiša

vikerkaar
duga

tuul
vjetar

lumi
snijeg

kevad
proljeće

suvi
ljeto

sügis
jesen

talv
zima

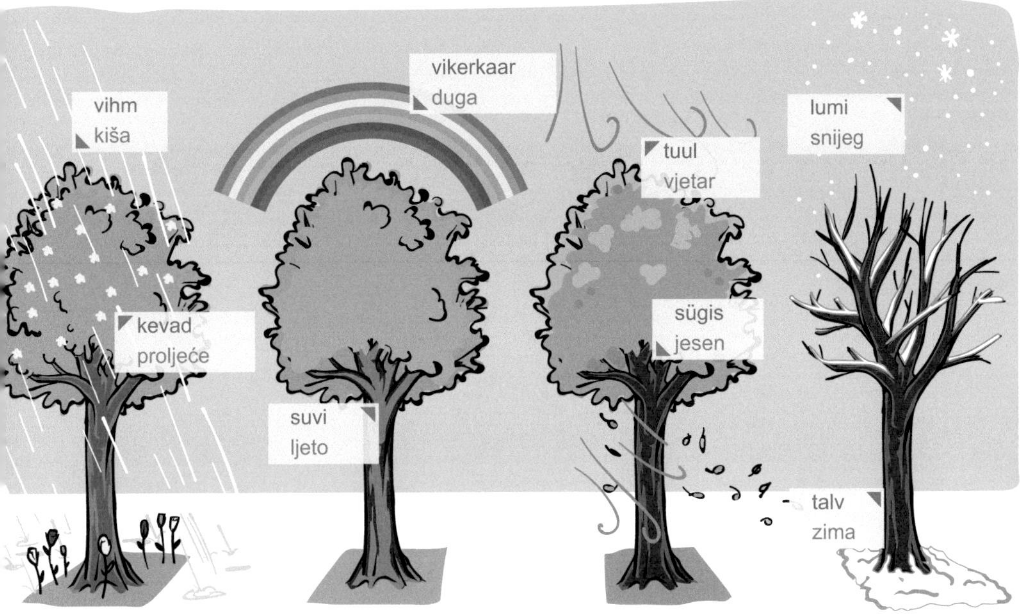

ilmaennustus

prognoza vremena

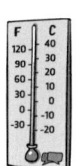

termomeeter

termometar

päikesepaiste

sunčev sjaj

pilv

oblak

udu

magla

niiskus

vlažnost vazduha

pikne

munja

kõu

grom

torm

oluja

rahe

tuča, led

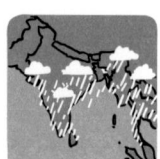

mussoon

monsun

üleujutus

poplava

jää

led

jaanuar

januar

veebruar

februar

märts

mart

aprill

april

mai

maj

juuni

juni

juuli

juli

august

avgust

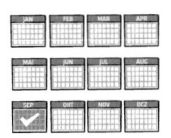

september
....
septembar

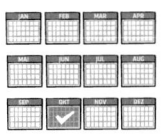

oktoober
....
oktobar

november
....
novembar

detsember
....
decembar

kujundid
oblici

ring
....
krug

ruut
....
kvadrat

nelinurk
....
pravougao

kolmnurk
....
trougao

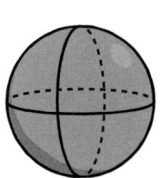

kera
....
kugla

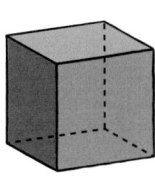

kuup
....
kocka

valge

bjel

kollane

žut

oranž

narandžast

roosa

pink

punane

crven

lilla

ljubičast

sinine

plav

roheline

zelen

pruun

smeđ

hall

siv

must

crn

palju / vähe

malo / mnogo

vihane / rahulik

ljutit / miran

ilus / inetu

lijep / ružan

algus / lõpp

početak / kraj

suur / väike

veliki / mali

hele / tume

svijetlo / tamno

vend / õde

brat / sestra

puhas / must

čist / prljav

täielik / puudulik

potpun / nepotpun

päev / öö

dan / noć

surnud / elus

mrtav / živ

lai / kitsas

široko / usko

söödav / mittesöödav

ukusno / neukusno

kuri / sõbralik

zao / prijatan

põnevil / tüdinud

uzbuđen / dosadan

paks / peenike

debeo / mršav

esimene / viimane

najprije / najkasnije

sõber / vaenlane

prijatelj / neprijatelj

täis / tühi

pun / prazan

kõva / pehme

trvd / mekan

raske / kerge

težak / lagan

nälg / janu

glad / žeđ

haige / terve

bolestan / zdrav

ebaseaduslik / seaduslik

ilegalan / legalan

tark / rumal

inteligentan / glup

vasak / parem

lijevo / desno

lähedal / kaugel

blizu / daleko

uus / kasutatud

nov / polovan

mitte midagi / midagi

ništa / nešto

vana / noor

star / mlad

sees / väljas

uključeno / isključeno

lahti / kinni

otvoreno / zatvoreno

vaikne / vali

tiho / glasno

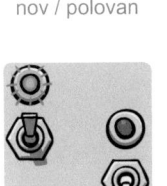

rikas / vaene

bogat / siromašan

õige / vale

tačno / pogrešno

kare / sile

hrapav / glatak

kurb / rõõmus

tužan / srećan

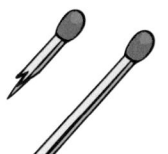

lühike / pikk

kratak / dug

aeglane / kiire

spor / brz

märg / kuiv

mokro / suho

soe / jahe

toplo / hladno

sõda / rahu

rat / mir

0	**1**	**2**
null	üks	kaks
nula	jedan	dva

3	**4**	**5**
kolm	neli	viis
tri	četiri	pet

6	**7**	**8**
kuus	seitse	kaheksa
šest	sedam	osam

9	**10**	**11**
üheksa	kümme	üksteist
devet	deset	jedanaest

12	**13**	**14**
kaksteist	kolmteist	neliteist
dvanaest	trinaest	četrnaest
15	**16**	**17**
viisteist	kuusteist	seitseteist
petnaest	šesnaest	sedamnaest
18	**19**	**20**
kaheksateist	üheksateist	kakskümmend
osamnaest	devetnaest	dvadeset
100	**1.000**	**1.000.000**
sada	tuhat	miljon
sto	hiljada	milion

inglise

engleski

Ameerika inglise

američki engleski

mandariini

kinesko mandarinski

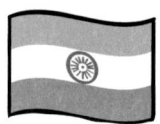

hindi

hindi

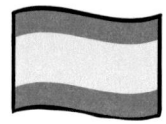

hispaania

španski

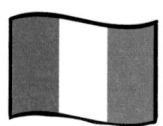

prantsuse

francuski

araabia

arapski

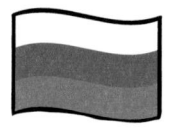

vene

ruski

portugali

portugalski

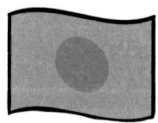

bengali

bengalski

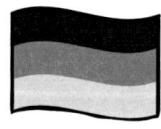

saksa

njemački

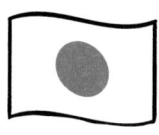

jaapani

japanski

mina

ja

sina

ti

tema

on / ona / ono

meie

mi

teie

vi

nemad

oni

kes?

ko?

mis?

šta?

kuidas?

kako?

kus?

gdje?

millal?

kada?

nimi

ime

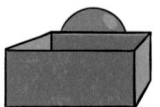

taga

iza

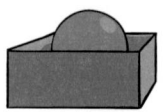

sees

u

ees

pred

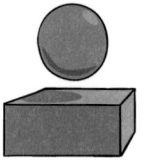

kohal

iznad

peal

na

all

ispod

kõrval

pored

vahel

između

koht

mjesto